Ferdinand Lassalle

Was nun?

Zweiter Vortrag über das Verfassungswesen

Ferdinand Lassalle

Was nun?

Zweiter Vortrag über das Verfassungswesen

ISBN/EAN: 9783744605274

Hergestellt in Europa, USA, Kanada, Australien, Japan

Cover: Foto ©ninafisch / pixelio.de

Weitere Bücher finden Sie auf **www.hansebooks.com**

Was nun?

Zweiter Vortrag

über Verfassungswesen,

gehalten

von

Ferdinand Lassalle.

Zürich,
Verlag von Meyer & Zeller.
1863.

Ueber Verfassungswesen.

Zweiter Abschnitt.

Was nun?

In meinem letzten Vortrage habe ich Ihnen, m. Herren, das Wesen der Verfassungen, und speciell auch der preußischen entwickelt. Ich zeigte Ihnen, wie zu unterscheiden ist zwischen der wirklichen und der nur geschriebenen Verfassung oder dem Blatt Papier; wie die wirkliche Verfassung eines Landes immer nur in den realen thatsächlichen Machtverhältnissen besteht, die sich in einer gegebenen Gesellschaft vorfinden. Ich zeigte Ihnen, wie die geschriebene Verfassung, wenn sie den thatsächlichen Machtverhältnissen der organisirten Macht der Gesellschaft nicht entspricht, wenn sie also nur das ist, was ich das „Blatt Papier" nannte, der Ueberwucht der organisirten Machtverhältnisse gegenüber rettungslos verloren ist und zwar wie sie das nothwendig und jedenfalls sein muß. Denn es nimmt dann, sagte ich, entweder die Regierung die Aenderung der Verfassung vor, um die geschriebene Verfassung in Uebereinstimmung mit den thatsächlichen Machtverhältnissen der organisirten Macht der Gesellschaft zu setzen.

1*

Oder aber es tritt die u n o r g a n i s i r t e Macht der Gesellschaft auf, beweist von Neuem, daß sie größer ist als die
organisirte und ändert dann nothwendig die organisirten
Machtverhältnisse der Gesellschaft, also die Verfassungspfeiler
selbst, wieder eben so weit nach links hin ab, als die Regierung es bei ihrem Siege nach rechts hin in dieser oder jener
Form gethan hätte.

Ich resümirte am Schlusse meines Vortrags denselben
in folgenden Worten: „Wenn Sie, m. Herren, den Vortrag,
den ich Ihnen zu halten die Ehre hatte, nicht nur festhalten
und sorgfältig durchdenken, sondern ihn zu allen seinen Consequenzen fortdenkend entwickeln, so werden Sie zum Besitz
aller Verfassungsweisheit gelangen. Verfassungsfragen sind
ursprünglich nicht R e c h t s f r a g e n, sondern M a c h t f r a g e n;
die w i r k l i c h e Verfassung eines Landes existirt nur in den
reellen thatsächlichen Machtverhältnissen, die in einem Lande
bestehen; geschriebene Verfassungen sind nur dann von Werth
und Dauer, wenn sie der genaue Ausdruck der wirklichen
in der Gesellschaft bestehenden Machtverhältnisse sind —
das sind die Grundsätze, die Sie festhalten wollen.‟

Wenn dies nun w a h r sein soll, daß die Durchdenkung
und Fortentwickelung dieses Vortrags zu allen seinen Consequenzen Sie in den Besitz aller Verfassungskunst und Verfassungsweisheit setzen würde, so müßte dieser Vortrag, wenn
Sie ihn zu seinen Consequenzen fortentwickeln, auch im
Stande sein, den Weg, den s i c h e r n und a l l e i n i g e n
Weg anzugeben, auf welchem der gegenwärtig im Lande bestehende Conflict einem für die Nation gedeihlichen und
siegreichen Ausgang zuzuführen sei.

Und in der That ist es eben dies, was ich heut leisten
will. Ich will aus der Theorie heraus, die ich Ihnen entwickelt habe, das Mittel bestimmen, welches n o t h w e n d i g

und allein zu einer siegreichen Beendigung des zwischen der Regierung und der Kammer eingetretenen Conflicts führen muß.

Ehe ich dazu übergehe, lassen Sie uns noch einen Blick darauf werfen, wie unbedingt wahr die Theorie ist, die ich damals über das Wesen der Verfassungen aufgestellt habe, und die ich meiner heutigen Untersuchung überall als die Seele derselben zu Grunde lege.

Sie wissen, m. Herren, wie überaus streitig jede politische Behauptung zwischen den entgegengesetzten politischen Parteien ist! Da ist nichts von Dem, was von der einen politischen Partei als unbestreitbar wahr anerkannt wird, was nicht von der andern mit eben so großer Bestimmtheit als durchaus falsch verworfen würde. Fast sollte man manchmal meinen — und schwache, skeptische Gemüther meinen dies daher wirklich — es gäbe keine Wahrheit, keine einheitliche menschliche Vernunft mehr, wenn man sieht, wie grundsätzlich, mit welcher Verachtung und Erbitterung bei der einen Partei als absolut falsch betrachtet wird, was bei der andern eben so entschieden als absolut erwiesen, als Axiom gilt. Nur der Wissenschaft ist es gegeben, in dieser grellen Dissonanz von Meinungen, in diesem unharmonischen, greulichen Concert von einander lügenstrafenden Behauptungen hin und wieder eine Wahrheit zu Tage zu fördern von einem so klaren und schlagenden Lichte, daß sich auch die entgegengesetztesten politischen Parteien ihrer Anerkennung nicht entziehen können. Solche Fälle bilden daher immer einen wahren Triumph der Wissenschaft und einen äußerst mächtigen Beweis für die Wahrheit einer Theorie. In der That aber ist einer dieser seltnen Ausnahmefälle gerade in Bezug auf die Verfassungstheorie eingetreten, die ich Ihnen in meinem damaligen Vortrage entwickelt habe.

Ich gehöre, m. Herren, wie Ihnen bekannt ist, der Partei der reinen und entschiedenen Demokratie an.

Nichtsdestoweniger hat selbst ein meinen Parteiansichten so sehr entgegengesetztes politisches Organ wie die Kreuzzeitung nicht umhin gekonnt, die unbedingte Wahrheit der von mir aufgestellten Verfassungstheorie unumwunden einzuräumen. Sie widmet ihr in Nr. 132 (v. 8. Juni 62) einen Leitartikel und nennt sie daselbst in ihrer Sprache: „die Rede eines seiner Zeit vielgenannten revolutionären Juden, der mit richtigem Instinct den Nagel auf den Kopf getroffen und uns noch nicht Alles gesagt hat, was er weiß und denkt."

Letztern Fehler, wenn es einer sein soll, werde ich immer mehr und mehr ablegen. Die Kreuzzeitung kann sicher sein, daß ich ihre Ahnung erfüllen und successive, je nachdem es an der Zeit sein wird, immer mehr Alles sagen werde, was ich weiß und denke. Von ihrem Eingeständniß aber, mit meiner Verfassungstheorie den Nagel auf den Kopf getroffen zu haben, nehme ich hiermit Act.

Aber nicht nur die Kreuzzeitung, auch die Minister haben die Wahrheit der von mir entwickelten Theorie vollständig anerkannt.

Der Kriegsminister Hr. v. Roon erklärte in der Sitzung des Abgeordnetenhauses v. 12. Sept. 62, seine Auffassung der Geschichte gehe dahin, daß der Hauptinhalt der Geschichte nicht nur zwischen den einzelnen Staaten, sondern auch innerhalb eines jeden Staates selbst nichts anders sei, als der Kampf um Macht und Machterweiterung zwischen den einzelnen Factoren.

Sie sehen, m. Herren, das ist genau, das ist mit denselben Worten eben die Theorie, die ich in diesem Frühjahr in meinem damaligen Vortrag in den Bezirksvereinen unter

genauer hiſtoriſcher Entwickelung aufgeſtellt und als Bro-
ſchüre veröffentlicht hatte.

Merkwürdigerweiſe ſagt der Kriegsminiſter allerdings
in derſelben Auslaſſung und wenige Zeilen nach der eben
citirten Stelle, es exiſtirten in Berlin außerhalb des Abgeord-
netenhauſes Parteigänger, welche — ich citire jetzt ſeine eigenen Worte „ſchriftlich und mündlich in Bezirksverſammlungen und in der Preſſe die allerwunderbarſten und nach meiner
Auffaſſung deſtructivſten Tendenzen kundgegeben haben.“

Da in den hieſigen Bezirksvereinen bis dahin, ſoweit
irgend bekannt geworden, kein anderer Vortrag gehalten
worden war, auf welchen jene Bezeichnung „deſtructiver Tendenzen“ irgend hätte bezogen werden können, und da ferner
die miniſterielle Sternzeitung damals meinen Vortrag, den
ich in drei bis vier Bezirksverſammlungen gehalten, zu wieder-
holten Malen deſtructiver Tendenzen beſchuldigt hatte, ſo
erblicke ich hierin, verbunden mit dem Umſtande, daß der
Kriegsminiſter ſo eben den Grundgedanken jenes Vortrags
als ſeine Geſchichtsauffaſſung ausgeſprochen hatte, zwingende
Gründe, jene Beſchuldigung des Kriegsminiſters, ſoweit ſie
die Bezirksverſammlungen betrifft, eben auf dieſen
meinen in den Bezirksverſammlungen gehaltenen Vortrag
über Verfaſſungsweſen zu beziehen.

Nun muß ich es allerdings meinerſeits als ſehr wun-
derbar und merkwürdig bezeichnen, daß der Herr Kriegsminiſter genau dieſelbe Geſchichtsauffaſſung, genau dieſelben
Worte, die er in ſeinem Munde conſervativ hält, in meinem Munde deſtructiv findet.

Ja ein noch Wunderbareres und Merkwürdigeres iſt ge-
ſchehen. Der Kriegsminiſter macht nehmlich bei derſelben
Gelegenheit der Kammer den Vorwurf, daß ſie nicht jene
Tendenzen, die ſich in den Bezirksverſammlungen und in

der Presse kundgegeben, desavouirt habe. Es ist nun überhaupt nicht Sache der Kammer, mich zu desavouiren. Aber
das Urkomische dabei ist, daß der Kriegsminister nicht
sieht, wie er, indem er die Kammer auffordert, eine Ge-
schichtsauffassung zu desavouiren, zu der er sich so eben selbst
bekannt hat, dadurch geradezu auffordert, ihn selbst und seinen eigenen Ansichten zu desavouiren!

Inzwischen dies sind Ergötzlichkeiten, welche der Kriegsminister mit der Logik abzumachen hat und die nichts zur
Sache verschlagen, was zur Sache gehört, ist nur zu constatiren, daß der Kriegsminister sich genau zu derselben
Theorie über das Wesen der Verfassungen bekannt hat, die
ich in meinem damaligen Vortrage aufgestellt habe.

Nicht weniger ist der gegenwärtige Ministerpräsident
Herr von Bismarck so freundlich gewesen, und zwar im Na-
men des gesammten Staatsministeriums, Zeugniß für die
Wahrheit meiner Geschichtsanschauungen abzulegen.

Sie wissen alle, daß es das in der Verfassung geschriebene unbestreitbare und unbestrittene Recht der Kammer
ist, dem Staatshaushaltsétat die Genehmigung zu ertheilen
oder zu verweigern.

Die Kammer hat nun von diesem Recht Gebrauch gemacht. Hr. v. Bismarck bestreitet auch nicht eigentlich, daß
dies das Recht der Kammer sei. Aber er sagt in der Sitzung
v. 7. Oct. wörtlich: „Rechtsfragen der Art pflegen nicht
durch Gegenüberstellung widerstreitender Theorien, sondern nur allmählich durch die staatsrechtliche
Praxis erledigt zu werden." Sehen Sie ein wenig genauer
zu, m. Herren, so finden Sie, daß hier, nur in etwas verschleier-
teren, verschämten Ausdrücken, wie es sich für einen Minister schickt, ganz meine Theorie entwickelt ist. Das Recht
der Kammer übersetzt Hr. v. Bismarck mildernd in den Aus-

druck Rechtsfrage. Er läugnet nicht — wie könnte er auch? — daß diese Rechtsfrage oder dieses Recht auf dem Blatt Papier oder in der Verfassung steht. Aber, sagt er, es steht eben nur auf dem Blatt Papier, das wirklich Entscheidende dagegen sei die staatsrechtliche Praxis. Mit dem milderen Ausdruck „staatsrechtliche Praxis", mit dem, was wirklich geschieht und vor sich geht im Gegensatz zum bloßen Recht oder zu der Rechtstheorie ist, hier, wie Sie sehen, nur der Druck dessen bezeichnet, was ich deutlicher die realen thatsächlichen Machtverhältnisse genannt habe. Ihr mögt, sagt Hr. v. Bismarck also aus dem Ministeriellen ins Unverblümtere übersetzt, das Blatt Papier für Euch haben. Aber ich habe die realen thatsächlichen Machtverhältnisse der organisirten Macht, Heer, Finanzen, Gerichte, unter mir, und diese realen thatsächlichen Machtverhältnisse sind es, die in letzter Instanz doch das Entscheidende sind, und die staatsrechtliche Praxis bestimmen.

Der Einspruch dieser realen thatsächlichen Machtverhältnisse, sagt Hr. v. Bismarck zu den Abgeordneten, setzt Euer Recht zu einer bloßen Rechtsfrage herab und diese selben Machtverhältnisse bürgen mir auch schon, daß die Sache nicht im Sinne Eueres blos theoretischen, blos papiernen Rechts zu Ende gehen wird. „Allmählich, sagt Hr. v. Bismarck, wird die staatsrechtliche Praxis diese Rechtsfrage d. h. diesen Conflict zwischen nur geschriebenem Recht und in Erz gegrabenen Machtverhältnissen in einem ganz andern Sinne erledigen." Hierin liegt noch eine weitere Einsicht des Hrn. v. Bismarck. Sie erinnern sich, daß ich Ihnen in meinem letzten Vortrag auseinandersetzte, was ein constitutioneller Präcedenzfall sei. Wenn ich einmal die Macht zu etwas habe, so habe ich das zweitemal auch schon das Recht dazu. Ich zeigte Ihnen dies

beispielsweise das letztemal an dem mittelalterlichen franzö=
sischen staatsrechtlichen Grundsatz „das niedere Volk ist nach
Willkühr mit Steuern und Frohnden zu belegen!" Dieser
Grundsatz, sagte ich, war zunächst nichts anderes als der ein=
fache Ausbruck der thatsächlichen Machtverhältnisse
in dem mittelalterlichen Frankreich. Das niedere Volk war
im Mittelalter wirklich so machtlos gewesen, daß es ganz
beliebig mit Steuern und Frohnden belastet werden konnte;
nach diesem thatsächlichen Machtverhältniß wurde
nun auch immer verfahren. Das Volk wurde immer so
belastet. Dieser thatsächliche Hergang gab die sogenann=
ten Präcedenzfälle, die noch heut zu Tage in England
in den Verfassungsfragen eine so große Rolle spielen. Bei
diesem thatsächlichen Belasten wurde nun häufig auch,
wie dies nicht anders sein konnte, die Thatsache, daß das
Volk so belastet werden könne, ausgesprochen. Dies Aus=
sprechen gab den staatsrechtlichen Grundsatz, auf den
dann in ähnlichen Fällen wieder recurrirt wurde."

Sie sehen, m. Herren, es ist offenbar dieselbe Ideen=
reihe, die Hr. v. Bismarck im Sinne hat, wenn er behauptet,
es werde allmählich durch die staatsrechtliche Praxis
die Sache in einem ganz andern Sinne erledigt werden.

Wenn ich diesmal, 1862, will Hr. v. Bismarck andeu=
ten, die Macht habe es durchzusetzen, so werde ich 1866,
falls ich wieder gegen den Willen der Kammer das stehende
Heer vermehren, falls ich wieder von der Kammer nicht ge=
nehmigte Ausgaben machen will, auch das Recht dazu für
mich haben, denn dann werde ich mich schon auf einen Präce=
denzfall berufen können. Und wenn ich 1870 das Heer von
neuem vergrößern und Ausgaben gegen die Kammern=Ent=
scheidung machen will, so werde ich dann schon ein ganz unbe=
streitbares Recht für mich haben. Denn dann werde ich

mich schon auf zwei Praecedenzfälle, auf eine vollständige „staatsrechtliche Praxis" berufen können.

Diese angenehme Hinweisung darauf, daß er nicht jetzt zum letztenmal, daß er auch künftig das stehende Heer gegen den Beschluß der Kammer vergrößern oder sonstige Ausgaben, die von ihr verworfen wurden, bestreiten will, diese trostreiche Versicherung, daß er es allmählich zur unbestrittenen staatsrechtlichen Praxis bei uns erheben wolle, Heer wie Ausgaben gegen die Beschlüsse der Kammer zu vermehren — diese reizende Fernsicht ist es, durch welche Herr v. Bismarck die Kammer und das Land für den Eingriff in die papierne Verfassung oder die bloße Rechtstheorie trösten und schadlos halten will.

Zwar könnten Sie finden, daß dies ein wunderlicher Trost sei. Denn es ist gerade so, als ob ich Sie für jetzige Prügel, die Sie zu empfangen Sich sträuben dadurch geneigter machen wollte, daß ich Ihnen verspreche, Ihnen auch noch künftighin solche reichlich und in Menge ertheilen zu wollen.

Allein bei Alledem werden Sie aus dieser Betrachtung der Worte des Herrn Ministerpräsidenten dennoch ersehen haben, daß derselbe ein tiefer und feiner Kenner das Verfassungswesens ist, daß er ganz und gar auf dem Boden meiner Theorie steht, daß er vortrefflich weiß, wie die wirkliche Verfassung eines Landes nicht in dem Blatt Papier, sondern in den thatsächlichen Machtverhältnissen besteht, und nur aus diesen, nicht aus dem papiernen Recht, die staatsrechtliche Praxis, das was wirklich geschieht, bestimmt wird, und daß er sich ausgezeichnet klar darüber ist, was Präcedenzfälle sind, wie sie entstehen und wie sie nachher verwerthet werden.

Ich kann also Sie Alle m. Herren, und ganz besonders

die hier anwesenden Vertreter der Polizei-Gewalt darauf
aufmerksam machen, daß ich mich auf einem von allen ober-
sten Behörden im Staat anerkannten und durchaus unan-
greifbaren Boden befinde.

Sie dürfen Sich übrigens nicht wundern, m. Herren,
diese Klarheit gerade bei den Männern der Regierung zu
finden. Ich habe Sie schon das letztemal darauf aufmerksam
gemacht, daß die Fürsten sehr gut bedient sind, daß die Diener
der Fürsten keine Schönredner, aber doch praktische Männer
sind, die gleichviel ob mit mehr oder weniger ausgear-
beitetem theoretischen Bewußtsein doch den Instinct haben,
worauf es ankomme.

Aber nicht nur die Ansichten der Männer der Regierung kann ich als Beleg für die Wahrheit meiner Theorie
anführen, sondern was von noch weit größerem Gewicht ist,
die Ereignisse selbst haben und zwar in der auffällig-
sten Weise für sie entschieden.

Sie erinnern sich der Prophezeiung, die als dritte
Consequenz in meinem in diesem Frühjahr gehaltenen Vortrag entwickelt war.

Ich entwickelte Ihnen dort, wie und warum nothwendig unsere jetzt bestehende Verfassung in ihrem Todeskampfe
begriffen sei und warum sie schlechterdings in kürzester Frist
entweder nach rechts hin von der Regierung, oder nach links
hin vom Volke werde abgeändert werden müssen, aber als
diese jetzt bestehende bestimmte Verfassung unmöglich
länger fortbestehen könne. Ich sagte damals wörtlich: „Diese
Verfassung liegt in ihren letzten Zügen; sie ist schon so gut
wie todt; einige Jahre noch — und sie existirt nicht mehr.“
Ich wollte nicht zu sehr erschrecken und sagte darum: „einige
Jahre noch.“

Wie die Ereigniffe zeigen, hätte ich sagen können: einige Monate noch und sie existirt nicht mehr.

Der Präsident des Abgeordnetenhauses selbst, Herr Grabow, hat jetzt in seiner Rede beim Kammerschluß constatirt, daß die Verfassung „schwer beschädigt" worden sei.

Das Herrenhaus — ein selbst dieser Verfassung angehöriger Körper — hat durch sein Votum, welches den von der 2. Kammer verworfenen Staatshaushaltetat genehmigt, einen Verfassungsbruch begangen. Und noch viel ernster und schwerer ist der Eingriff, den die Regierung selbst in die Verfassung gethan hat. Die Kammer hat die Ausgaben für die neue Militär-Organisation verworfen — und die Regierung setzt dieselben dennoch auch seit dem Tage dieses Kammerbeschlusses nach wie vor fort, wie sie dies selbst erklärt hat.

Die Logik hat also Recht behalten, m. Herren, die bestehende Verfassung ist eine, zur Zeit wenigstens und vorläufig, in der Wirklichkeit nicht mehr bestehende Verfassung, und die Geschichte hat meine Prophezeiung in Bezug auf die Kürze der Zeit noch weit übertroffen

Sie können also vollständiges Zutrauen haben in die unangreifbare Wahrheit der Verfassungstheorie, die ich Ihnen entwickelt. Und wenn sich nun aus einer so von allen Seiten und durch die Ereignisse selbst bestätigten Theorie mit logischer Consequenz ein Mittel sollte ableiten lassen, wie in dem gegenwärtigen Conflict der Sieg erlangt werden kann, so würden Sie getrosten Muthes sein können, m. Herrn. Denn Sie würden dann mit derselben vollständigen Zuversicht überzeugt sein können, daß dieses Mittel als aus dieser Theorie herausgeboren, auch das unbedingt zu treffende, das mit Sicherheit zum Siege führende sein muß.

Ein solches Mittel läßt sich nun aber allerdings aus dieser Theorie mit Evidenz entwickeln und dies ist es, was den Gegenstand meines heutigen Vortrags bildet.

Stellen wir zunächst die Frage, wie sie gestellt werden muß. Bei allen Untersuchungen kommt es vor allen Dingen auf die Fragestellung an, und das falsche Resultat ist sehr häufig nur die Folge der falschen Fragestellung.

Diese Frage lautet also nicht so: wie ist d i e s e r Verfassung d. h. dieser ganz bestimmten Verfassung vom Jan. 1850 mit Haut und Haar, wie sie eben ist, zur dauernden Fortexistenz zu verhelfen? Wenn Sie die Frage so stellen wollten, m. Herren, so könnte allerdings ich so wenig wie irgend ein Anderer eine wahrhafte, eine andere als s c h e i nb a r e Lösung geben, ebensowenig wie man durch Galvanisirung in einen Leichnam mehr als ein Scheinleben hineinbringen kann. So wird es, um nur E i n Beispiel anzuführen, jedem von Ihnen klar sein, daß mindestens das Herrenhaus — welches ja auch einen Theil der Verfassung von 1850 bildet und welches seine Stellung dazu braucht, allen Beschlüssen des Abgeordnetenhauses systematisch entgegenzutreten — auf die Dauer nicht fortbestehen kann. Damit wäre aber immerhin schon die gegenwärtige Verfassung in einer ihrer wesentlichen Grundlagen aufgehoben. Inzwischen so steht die Frage auch ja gar nicht für Sie. So interessirt Sie dieselbe nicht. Was interessirt Sie die Forterhaltung aller für Sie schädlichen Bestimmungen in der Verfassung? Was interessirt S i e z. B. der Fortbestand des Art. 108: „eine Vereidigung des Heers auf die Verfassung findet nicht Statt?" Oder was interessirt S i e der Fortbestand des Art. 111, welcher die Regierung ermächtigt, in gewissen Fällen den Belagerungszustand zu erklären und über ein halbes Dutzend gerade der wichtigsten Artikel der Verfassung außer Kraft zu setzen und die unverletzlichsten Rechte des Menschen und Bürgers zu verletzen? Oder was interessirt S i e die Fort-erhaltung des Art. 106, welcher den Richtern die Prüfung der Rechtsgültigkeit Königl. Verordnungen verbietet? Oder was interissirt S i e die Forterhaltung des Art. 109, welcher die Regierung in Bezug auf die Vereinnahmung aller einmal bestehenden Steuern von der Genehmigung der Kammern ent-bindet? Alles dies sind aber nur einzelne kurze Belege dafür, daß die Forterhaltung dieser Verfassung mit H a u t und H a a r Sie ebensowenig interessirt, als sie auf die Dauer möglich wäre. Was S i e wirklich bei dem jetzigen Conflict interessirt, ist vielmehr nur das E i n e: das absolute Recht des Volkes, das selbst in d i e s e r Verfassung anerkannte Büd-getbewilligungsrecht Ihrer Abgeordneten, ein Recht, das für alle Zeiten auch in alle künftige Verfassungen würde aufge-nommen werden müssen, zur Geltung zu bringen.

Die Frage also, wie sie wirklich für Sie steht, lautet demnach: Wie ist das Recht des Volkes, durch seine Abgeord-neten Ausgabeposten des Staatshaushaltsetat zu verwei-gern, die ihm ungerechtfertigt erscheinen, durchzusetzen, zur Geltung und Wirklichkeit zu bringen?

Ich werde mich wieder, wie das letztemal, der i n d i-r e c t e n Methode zur Entscheidung dieser Frage bedienen; d. h. ich werde zunächst zeigen, welche Mittel, wie plausibel sie auch scheinen möchten, n i c h t die angemessenen zu dem an-gegebenen Ziele sind.

Wenn ich nicht irre, so ist vielleicht von Manchen daran gedacht worden, die Kammer müsse in der nächsten Session zu einer S t e u e r v e r w e i g e r u n g greifen, um die Regierung zum Einlenken in die gesetzliche Bahn zu zwingen.

Allein dies Mittel, so klangvoll es in die Ohren tönen

möchte, würde gleichwohl ein entschieden falsches, seinen Zweck vollständig verfehlendes sein.

Zunächst muß eingestanden werden, daß Angesichts des §. 109 unserer Verfassung es mehr als zweifelhaft ist, ob unserer Kammer überhaupt eine Verweigerung der zur Zeit einmal bestehenden Steuern zusteht.

Angenommen aber auch, daß dies umgekehrt stände, angenommen selbst, daß unsere Verfassung mit dürren Worten der Kammer das Recht der Steuerverweigerung zuspräche, so würde dennoch dieses Mittel ganz eben so unpraktisch und machtlos sein.

Die Steuerverweigerung, die an und für sich noch nicht zu verwechseln ist mit einem Aufstand, ist ein besonders von England her sehr accreditirtes dort bestehendes legales Mittel, die Regierung zu zwingen, in irgend einem Punkte dem Willen der Nation nachzukommen. Die bloße Androhung der Steuerverweigerung durch die Aldermänner der City hat bei Gelegenheit der Reformbill v. 1830 genügt, die Krone dazu zu bestimmen, nachzugeben und einen Pairsschub vorzunehmen, um den Widerstand des Oberhauses zu brechen.

Da also dies Mittel in England so bewährt ist, so kann es nicht Wunder nehmen, daß Manche auch jetzt wieder die Augen darauf richten, wie man es ähnlich schon im Novemberconflict des Jahres 1848 bei uns anzuwenden gesucht hat. Allein schon die von der Nat.-Versamml. 1848 beschlossene Steuerverweigerung — und die Nat.-Versammlung besaß, als constituirende Versammlung doch das unbedingte und unbestreitbare Recht zu einem solchen Beschluß — ist ohne allen reellen Erfolg geblieben, und ganz denselben und einen noch kläglicheren Ausgang müßte gegenwärtig jede gänzliche oder theilweise Wiederholung jenes Beschlusses nehmen.

Woher kommt dieser Unterschied, m. Herren, daß dieselbe Maaßregel, die so effectvoll ist in England, so effectlos bleiben muß bei uns? An der Hand unserer Theorie wird Ihnen die sofort durchsichtig werden. Sie werden bei dieser Gelegenheit Sich zugleich ein wichtiges Stück unserer vergangenen Geschichte — den Ausgang des Novemberconflictes von 1848 — zur Klarheit bringen und Sich eben so vor Mißgriffen in der Gegenwart sichern.

Diejenigen nehmlich, welche im Nov. 1848 in der Steuerverweigerung als solcher eine wirksame Maaßregel erblickten, und Diejenigen, welche jetzt wieder die Augen hierauf richten, übersehen nichts Geringeres als den in unserer Theorie auseinandergesetzten Fundamental-Unterschied einer wirklichen und einer nur geschriebenen Verfassung.

England ist ein Land, in welchem die wirkliche Verfassung constitutionell ist, d. h. ein Land, in welchem sich demnach das Uebergewicht der realen thatsächlichen Machtmittel auch der organisirten Macht auf Seiten der Nation befindet.

In einem solchen Lande muß es daher leicht sein, eine Steuerverweigerung durchzuführen. In einem solchen Lande kann die Regierung es nicht einmal auf die Probe ankommen lassen; sie muß schon bei der Drohung nachgeben. In einem solchen Lande wird die Steuerverweigerung auch gar nicht blos dazu gebraucht, um Angriffe auf die bestehende Verfassung abzuwehren, sondern im Gegentheil wie dies 1830 bei der Reformbill der Fall war, um dem Volke günstige Angriffe auf die Verfassung durchzusetzen. Sie ist das organisirte legale, friedliche Mittel, um die Regierung unter den Willen des Volkes zu beugen.

Ganz anders bei uns in Preußen, wo jetzt wie im Nov. 1848 immer nur eine geschriebene Verfassung oder Ver-

2

faffungsbruchftücke beftehen und beftanden, alle thatfächlichen Machtmittel der organifirten Macht aber fich ausfchließlich in den Händen der Regierung befinden.

Um fich diefes Unterfchiedes ganz bewußt zu werden, brauchen Sie nur den realen Verlauf fich vorzuftellen, den eine Steuerverweigerung in England und den eine folche in Preußen nehmen würde. Ich fetze alfo den Fall, das englifche Unterhaus befchlöffe eine Steuerverweigerung, und die Regierung wollte dennoch gewaltfam die Steuer erheben. Der englifche Steuerexecutor kommt zu mir und will exequiren. Ich widerfetze mich, ich werfe ihn zur Thür hinaus. Ich werde vor Gericht geftellt. Der englifche Richter aber fpricht mich frei oder belobt mich noch, daß ich ungefetzliche Gewalt nicht geduldet habe. Der Steuerexecutor kommt wieder verftärkt durch Soldaten. Ich widerfetze mich weiter mit meinen Freunden und Hausleuten. Die Soldaten geben Feuer; fie verwunden und tödten. Ich ftelle fie vor Gericht, und obgleich fie fich auf den Befehl ihrer Vorgefetzten berufen, fo werden fie da, ein folcher in England bei Handlungen gegen das Gefetz nicht deckt, einfach wegen Todtfchlags zum Tode verurtheilt. Ich fetze aber den Fall, ich habe mit meinen Freunden das Feuer der Soldaten erwidert und gleichfalls verwundet und getödtet. Ich werde vor Gericht geftellt. Ich werde immer nach wie vor wegen Widerftand gegen ungefetzliche Gewalt freigefprochen.

Aber ferner. Weil diefen ganzen Verlauf jedermann in England kennt, weil fomit von vornherein alle Chancen des Sieges auf Seite des Volkes find, verweigert jeder die Steuer; alle thun es, auch folche, die indifferent wären, oder lieber zahlen möchten; aber fie verweigern, um fich bei ihren Mitbürgern, die doch vorausfichtlich Sieger bleiben werden, nicht verhaßt zu machen, um sich nicht als schlechte Bürger zu zeigen.

Aber weiter, welches Mittel hätte die Regierung, den Widerstand des englischen Unterhauses und Volkes zu brechen? Das Heer. Aber in England muß seit der bill of Rights die Regierung jedes Jahr von neuem von dem Parlament die Erlaubniß erbitten, ein Heer zu halten. Diese Erlaubniß wird ihr jedes Jahr und immer nur auf die Dauer eines Jahres bewilligt durch die sogenannte mutiny-Acte, durch welche die Regierung zugleich für die Dauer dieses Jahres mit einer Disciplinar-Gewalt gegenüber den Soldaten, die sonst nur unter den gewöhnlichen Landesgesetzen stehen würden, zur Bestrafung von Insubordination und Meuterei ausgerüstet wird. In derselben Acte wird zugleich die genaue Zahl der Truppen, welche der Regierung zu halten erlaubt wird, und ihre Bezahlung festgesetzt. Was würde also die Folge sein, wenn sich die englische Regierung mit dem Unterhaus in einem Kampf befände? Das englische Unterhaus würde einfach beim Jahresschluß die Erneuerung der mutiny-Acte verweigern und von Stund' an könnte die Regierung kein Heer halten, dasselbe nicht zahlen, keine Meuterei mehr unterdrücken, keine Disciplinargewalt gegen die Soldaten anwenden, die beliebig auseinander laufen könnten und würden. Aber noch mehr. Ich sagte Ihnen, daß jährlich die Zahl der Truppen, welche der Regierung zu halten erlaubt wird, durch die mutiny-Acte festgestellt wird. Diese Zahl betrug im letzten Jahr (1861/62) für Großbritannien und sämmtliche Colonien, mit Ausnahme Indiens, nicht mehr als 99000 Mann. Es können also, da die vielen und einer Truppenmacht besonders bedürftigen Colonien Englands mindestens die Hälfte dieser Anzahl erfordern werden, nicht mehr als 50,000 Mann auf Groß-

2*

britannien, d. h. auf eine Bevölkerung von 25 Millionen
Einwohner und Sie werden begreifen, daß man bei einem
solchen Zahlenverhältniß keinen Kampf mit der Nation
wagen kann.

Und nun immer weiter von Wechselwirkung zu Wechselwirkung.

Weil es klar ist, daß fast alle sich der Steuerzahlung
widersetzen werden, und weil hierdurch die Chancen, die schon
von vornherein durchaus zu Gunsten des Volkes stehen,
noch unendlich vermehrt werden, weil endlich die englische
Regierung in England selbst nur ein Heer von so geringfügiger
Zahl halten darf, kann die Regierung dort auch nicht einmal
auf ihre eigenen Beamten, nicht einmal auf die Machtmittel,
die sie wirklich hat, rechnen. Denn Sie begreifen, m. Herren,
daß sich bei der Masse der Beamten ihr Verhalten in einem
solchen Conflict hauptsächlich nach der Meinung richtet, die
sie darüber haben, wer von beiden, Regierung oder Volk,
wohl Sieger bleiben werde. Wie auf der Börse hausse
und baisse sich zum großen Theil danach bestimmt, welche
Meinung die Meisten schon beim Beginn der Börse darüber
haben, ob hausse oder baisse triumphiren werde, so richtet sich zu einem guten Theil das Verhalten der Beamten
und somit ein bedeutendes Element des wirklichen Sieges
nach der Meinung, die sie darüber haben, wem der Sieg
schließlich verbleiben werde. Glauben die Beamten, die
Regierung werde Sieger bleiben, so sind sie eifrig, uner-
schütterlich, energisch. Sind die Verhältnisse der Art, daß
sie die entgegengesetzte Ansicht haben müssen, so sind sie
schwankend, wankend, protestiren, fallen ab, gehen über. Dies
ist nur zu natürlich. Der Eine will seine Knochen, der Andere sein Amt und Gehalt, der Dritte seine sociale Achtung
nicht auf's Spiel setzen.. Da nun die reale Position des

englischen Volkes, wenn das Unterhaus eine Steuerverwei=
gerung beschlöße, von vornherein so stark ist, daß Jeder an
seinen Sieg glauben muß, so würden die englischen Beam=
ten in Masse von der Regierung abfallen und es bliebe zu=
letzt der dortige Ministerpräsident, etwa mit einer handvoll
catilinarischen Existenzen, die nichts zu verlieren haben, allein
übrig, um die Steuer einzutreiben, die Kanonen abzufeuern
und die Leute einzusperren.

Und weil der casus dort realiter so stehen würde,
würde eine vom engl. Unterhaus beschlossene Steuerverwei=
gerung überhaupt schwerlich dazu gelangen, ausgeführt wer=
den zu müssen. Die Regierung würde nachgeben und
Alles liefe auf dem Wege einer friedlichen Demonstra=
tion ab.

Nun denken Sie sich aber einmal den Fall, eine preu=
ßische Kammer beschlöße, und wenn sie noch so sehr dazu be=
rechtigt wäre, wie das im Nov. 1848 der Fall war, eine
Steuerverweigerung.

Niemand wird darüber zweifelhaft sein, daß die Regie=
rung dennoch auf das allerernsteste an die Eintreibung der
Steuern gehen würde. Ich werfe jetzt wieder den Steuer=
diener hinaus. Ich werde vor Gericht gestellt und von
unseren Richtern unbedenklich und trotz der schönsten Re=
den zu so und so viel Monaten Gefängniß wegen Wieder=
stand gegen die Regierungsgewalt verurtheilt. Der Steuer=
diener kommt wieder mit Soldaten, die auf mich und meine
mich unterstützenden Freunde Feuer geben, verwunden
und tödten. Kein Mensch kann bei uns diese Soldaten oder
Steuerdiener vor Gericht stellen. Sie haben einfach auf
Befehl ihrer vorgesetzten Behörde gehandelt und sind da=
durch gedeckt. Ich feuere aber zurück auf den Steuerdiener
und die Agenten der bewaffneten Macht, ich verwunde und

tödte. Ich werde vor Gericht gestellt, einfach verurtheilt und geköpft.

Und weil dies so ist und weil also von vornherein alle Chancen gegen die Steuerverweigerer sind, wird überhaupt nur eine Minderzahl principfester Charaktere die Steuerzahlung verweigern; und wiederum weil dies so ist, wachsen wieder umsomehr die Chancen der Regierung, die Steuereintreibung durchzusetzen, und wiederum weil dies so ist und weil die Regierung auch bei uns nicht nöthig hat, jährlich die Erlaubniß des Parlaments, um ein Heer von bestimmter Anzahl zu halten, und zur Bewilligung einer Disciplinargewalt gegen dasselbe nachzusuchen, und weil endlich unsere Regierung nicht, wie die englische, ein Heer von ca. 50,000 Mann auf 25 Mill. Einwohner, sondern ein stehendes Heer von über 140,000 Mann auf blos 18 Mill. Einwohner zur Durchsetzung ihrer Maaßregeln zur Hand hat, (— nach der neuen Armeeorganisation hat sie sogar ein stehendes Heer von ca. 200,000 Mann —) so wird ihr auch die ungeheure Majorität ihrer Beamten in einem solchen Conflict treu bleiben, und so vice versa immer im Kreise herum, und die Steuerverweigerung würde zu nichts anderem dienen, als gerichtliche Verfolgungen über unsere tapfersten Mitbürger zu bringen, wie das Alles 1848 der Fall gewesen ist.

Sie ersehen hieraus, m. Herren, daß eine Steuerverweigerung als solche nur ein wirksames Mittel ist in den Händen eines solchen Volkes, welches bereits die realen Machtmittel der organisirten Macht auf seiner Seite hat, eines solchen Volkes, welches bereits in der Festung ist; daß sie aber ein ganz unwirksames Mittel ist für ein solches Volk, welches erst eine blos geschriebene Verfassung hat und die Festung der realen Machtmittel erst erobern will.

An der theoretischen Unklarheit hierüber ist die 48er Nat. Verf. untergegangen. Bei einem Volke, welches erst in jene Festung eindringen soll, hätte die Steuerverweigerung nur dann überhaupt einen Sinn, wenn sie dazu dienen sollte, einen allgemeinen Aufstand zu entflammen.

Aber hieran, m. Herren, an eine Insurrection wird unter den jetzigen Umständen hoffentlich wohl niemand denken. Aus Gründen, deren Entwickelung Sie mir erlassen werden, wäre sie in der momentanen Situation eine völlige Unmöglichkeit.

Anders stand die Sache bei der Steuerverweigerung vom Nov. 1848. Bei der damals bestehenden allgemeinen Aufregung hätte eine siegreiche Insurrection sehr wohl erfolgen können und die damals von der N.-V. decretirte Steuerverweigerung hätte dann allerdings einen verständigen Sinn gehabt, wenn die N.-V. consequent weiter gegangen wäre und den nationalen Aufstand decretirt hätte. Das wurde inzwischen, wie Sie wissen, durch den von Hrn. v. Unruh erfundenen passiven Widerstand, traurigen Angedenkens, verhindert.

Heute aber, wo, ich wiederhole es, der Gedanke an einen Aufstand in der momentanen Situation vollständig sinnlos wäre, und ein solcher Versuch nur der Regierung den Sieg in die Hände spielen würde — heute würde auch jeder Gedanke an eine Steuerverweigerung durchaus zweckwidrig sein.

Mit der Steuerverweigerung also ist es nichts; mit dem Aufstand ist es momentan auch nichts. Was bleibt übrig? Sind wir wirklich wehr- und mittellos?

Nein, m. Herren! Die Kammer besitzt vielmehr ein Mittel von unwiderstehlicher Macht und Wirksamkeit, ein Mittel, welches den Widerstand der Regierung unbedingt überwinden muß.

Dieses Mitt.l, welches in der Formel, in der ich es
jetzt vorschlagen werde, gerade um der Einfachheit dieser
Formel willen, Ihnen zunächst vielleicht völlig unverständ=
lich erscheinen wird, besteht einfach darin: Die Kammer
muß aussprechen das, was ist! —
Um zu wissen, was das heißt, um die Tiefe kennen zu
lernen, welche durch diese einfache Formel bedeckt wird,
müssen wir auf die Frage zurückgehen:
Was ist der Scheinconstitutionalismus
und wie entsteht er?
Die Beantwortung dieser Frage aber ist es eben, welche
Ihnen aus meinem letzten Vortrag vollkommen klar sein
muß.
Ich zeigte Ihnen damals, wie, so lange der Grundbesitz
und die Agriculturproduction die hauptsächlichste Quelle
des gesellschaftlichen Reichthums ist, und diese vorwiegende
Macht sich thatsächlich in den Händen des grundbesitzenden
Adels befindet, die Verfassung eine ständische und das
Fürstenthum ein sehr beschränktes sein muß.
Ich zeigte Ihnen ferner, meine Deductionen Schritt
für Schritt an der Hand der Historie belegend, wie mit dem
Steigen der Bevölkerung und dem damit verbundenen Ueber=
handnehmen der industriellen, bürgerlichen Production eine
Verschiebung der gegenseitigen Machtverhältnisse zu Gunsten
des Fürstenthums beginnt, so daß, wenn die industrielle,
bürgerliche Production zur vorwiegenden Quelle des gesell=
schaftlichen Reichthums geworden ist, das absolute Fürsten-
oder Königthum eintreten und der Adel zu einem machtlosen
Zierrath des Thrones zusammenschrumpfen muß.
Ich zeigte Ihnen endlich drittens, wie bei der immer
weiter und bis in's Riesenhafte fortschreitenden Entwicklung
der Industrie und der Gewerbe, wie bei dem dadurch beding=

ten, immer gewaltigeren Anwachsen der Bevölkerung endlich ein Punkt eintreten muß, wo das Fürstenthum auch nicht durch das Mittel des stehenden Heeres an diesem Machtfortschritt des Bürgerthums in irgend gleichem Verhältniß Theil zu nehmen vermag, wie jetzt das Bürgerthum, sich fühlend als den wahren Inhaber der gesellschaftlichen Macht, dieselbe auch nach seinem Willen verwendet und geleitet zu sehen fordern, und wie also in einer Gesellschaft, deren reale Machtverhältnisse sich allmählich so sehr verändert haben, der 18. März 1848 eintreten muß.

Aber ich habe Ihnen in jenem Vortrag auch gezeigt, m. Herren, daß und warum mit der noch so sehr überwiegenden gesellschaftlichen Macht des Bürgerthums und selbst mit dem siegreichen Durchbruch desselben v. 18. März 1848 der Kampf noch durchaus nicht zu Ende ist und sein kann. Ich zeigte Ihnen nehmlich wie die in den Händen des Bürgerthums befindliche gesellschaftliche Uebermacht, so groß sie sei, eine unorganisirte ist, die in den Händen der Regierung aber befindliche Macht, wenn auch eine um noch so viel geringere, eine organisirte ist, welche also disciplinirt und täglich parat steht, den Kampf wieder aufzunehmen, und wie deshalb, wenn das Bürgerthum seinen siegreichen Durchbruch nicht sofort und schnell benutzt, um auch die organisirte Macht in seine Hände zu bringen, der Absolutismus nothwendig den günstigen Augenblick finden muß, den Kampf siegreich wieder aufzunehmen, und dann die obwohl größere Macht des Bürgerthums auf lange Zeit niederzuhalten.

Auch ist dies bei uns wirklich eingetreten, und Sie Alle erinnern sich des Datums dieses Ereignisses: die Contrerevolution vom November 1848. —

Was wird denn nun aber der Absolutismus thun, wenn er eine solche siegreiche Contrerevolution gemacht hat? Der Absolutismus will sich f o r t s e tz e n. Das ist wahr. Wird er sich aber deswegen in seiner alten Form, als nackter, unverhüllter Absolutismus fortsetzen wollen? Wird er die Verfassung cassiren und ohne jede Verfassung in der frühern absoluten Weise fortregieren? Gott behüte! So dumm ist er nicht! Der Absolutismus hat nehmlich nothwendig durch seine einmalige Niederlage, bei uns also durch den 18. März, die Einsicht erlangt, daß ihm die unorganisirte gesellschaftliche Macht des Bürgerthums im Grunde bei weitem überlegen ist, daß er es zwar in einer günstigen Stunde durch die Disciplinirtheit der organisirten Macht momentan geschlagen hat, daß aber das Bürgerthum nichtsdestoweniger nach wie vor die zwar unorganisirte aber immerhin gesellschaftliche Uebermacht darstellt; daß also jede Stunde ein neuer Conflict eintreten könne, bei welchem er, der Absolutismus, von neuem unterläge und we n n dies Unterliegen dann b e s s e r benutzt wird, f ü r i m m e r unterlegen wäre!

Der Absolutismus hat, nachdem er sich einmal der gesellschaftlichen Uebermacht des Bürgerthums bewußt geworden ist, irgend eine dunkle Ahnung davon, daß wie ein Mensch nur einen Menschen, ein Affe nur einen Affen, ein jedes Wesen also nur ein ihm gleiches und nach seinem Ebenbilde zeugen kann, so auch auf die Länge der Zeit unvermeidlich die unorganisirte in der Gesellschaft herrschende elementarische Macht die organisirte Macht — oder die Regierungs= form — als ein ihr Gleiches und nach ihrem Ebenbilde erzeugt.

Der Absolutismus hat von allediesem eine mehr oder weniger unklare Ahnung, denn die Männer der Regierung sind, wie ich Ihnen sagte, praktische Männer, und haben den

Inſtinct, worauf es ankommt. Das weiß ſchon ein altes überaus wahres Volksſprüchwort, welches lautet:

Wem Gott ein Amt giebt, dem giebt er auch Verſtand. In der That, ein Amt erzeugt gewiſſe Einſichten in einem Menſchen durch die Lage, in die es ihn bringt, wenn er dieſe Einſichten auch nicht hatte, ehe er in das Amt kam. Dies iſt wahr und nothwendig, wie wenig Ahnung auch die Schwätzer von dieſer Nothwendigkeit haben.

Der alte Diplomat Talleyrand hat ſchon geſagt: on peut tout faire avec les bayonnettes excepté s'y asseoir „Man kann Alles machen mit den Bayonetten, nur nicht ſich darauf ſetzen." Sie wiſſen, warum, m. Hrrn. Die Bajonetten würden einem in das Sitzfleiſch bringen. Talleyrand wollte in dieſer witzigen Form ausdrücken, daß man wohl momentan Alles mit den Bayonetten durchſetzen, ſie aber nicht zu einer ſoliden dauernden Unterlage machen könne.

Der Abſolutismus alſo, wie ungeberdig er ſich auch ſtelle, hat durchaus kein Wohlgefallen an der precären Exiſtenz, ſich in einem ausgeſprochenen und erklärten Wider- ſpruch mit den geſellſchaftlichen Machtverhältniſſen zu befin- den und daher jeden Augenblick zu risquiren, daß ihm dieſe wie eine Lawine auf die Bruſt fallen und ihn zerſchmettern.

Er hat daher nur ein einziges Mittel, um ſich möglich lange fortzuſetzen: den Scheinconſtitutionalismus.

Sie wiſſen, worin dieſer beſteht.

Der Abſolutismus erläßt eine Verfaſſung, in welcher er die Rechte des Volkes und ſeiner Vertreter auf ein winziges und von keiner einzigen reellen Garantie geſichertes Mini- mum reducirt und durch welche er alſo von vornherein den Volksvertretern theils die Möglichkeit, theils die Luſt be- nimmt, eine ſelbſtändige Stellung gegen ihn einzunehmen. Jeden Verſuch der Abgeordneten, den Willen des Volkes

gegen die Regierung zur Geltung zu bringen, brandmarkt er
unter dem Namen: „parlamentarisches Regime" — als ob
nicht in der That im parlamentarischen Regime und nur in
ihm das Wesen einer jeden wahrhaft constitutionellen Regierung bestände. Endlich behält er sich innerlich vor, falls
dennoch einmal die Volksvertretung zu einem unabhängigen,
mit dem Willen der Regierung nicht übereinstimmenden
Votum sich entschließen sollte, dasselbe wie nicht ergangen zu
betrachten, gleichwohl aber immer das äußere Schaugepränge
constitutioneller Formen ruhig beizubehalten.

So wie der Absolutismus diesen Schritt gethan hat,
sich als Scheinconstitutionalismus zu constatiren,
hat er einen großen Vortheil erreicht und seine Existenz
auf unbestimmte Zeit verlängert.

Wenn der Absolutismus in seiner alten, unverhüllten
Weise fortexistiren wollte, würde er nicht auf eine lange Lebensdauer rechnen können. Der ausgesprochen, anerkannte
Widerspruch zwischen ihm und dem gesellschaftlichen Zustande
würde seinen Sturz zur unausgesetzten, fortwährenden Parole
der Gesellschaft machen.

Die ganze Gesellschaft würde, ohne das andere zu können, durch die Natur der Sache selbst, gleichsam nichts anderes als Eine große Verschwörung zum Sturz ihrer Regierungsform sein. Eine solche Situation kann keine Regierung auf gar lange Zeit aushalten! Eine Regierung
kann mit Erfolg in einem ihr günstigen Moment ihr Heer
zusammenraffen und einen siegreichen Angriff, eine siegreiche
Contrerevolution vornehmen. Schwieriger schon ist ihre
Stellung, wenn sie der angegriffene in der Defensive befindliche Theil und das Volk der Angreifer ist. Der Vortheil
bei dieser Art von Kämpfen ist nehmlich im Allgemeinen stets
auf Seiten des Angreifers, und zwar deshalb, weil er es ist,

der sich den ihm günstigen Moment aussucht. Dies ist der Grund, weshalb in diesem Jahrhundert meistens die Staats- streiche der Regierungen geglückt sind, aber ebenso auch mei- stens die Revolutionen des Volkes.

Inzwischen kann eine Regierung auch noch den Angriff des Volkes, den sie für einen bestimmten Zeitraum, z. B. innerhalb eines, oder einiger Monate, zu erwarten hat, mit Erfolg abwehren. Was aber für eine Regierung von der äußersten Schwierigkeit ist, ist ganze Zeitperioden hindurch beständig gerüstet und auf dem Kriegsfuß zu stehen, um einen Angriff, der sie vielleicht gerade im mißlichsten Momente, im Augenblicke größter sonstiger Verwickelungen treffen kann, abzuwehren. Eine solche Situation ist für die Regierung auf die Länge der Zeit unhaltbar und daher auch unan- nehmbar.

So wie dagegen eine absolutistische Regierung sich mit dem leeren Schein constitutioneller Formen umgeben hat und nun innerhalb derselben den alten Absolutismus fortsetzt, hat sie einen entschiedenen Vortheil davon getragen. Denn jetzt ist durch die scheinbar glücklich erlangte Gleichartigkeit zwischen der Regierungsform und dem in der Gesellschaft herrschen- den Stand der letztere in den Schlaf gelullt und befriedigt. Das, was erreicht werden soll, scheint ein schon Erreichtes zu sein. Diese Täuschung beschwichtigt den Kampf, lähmt ihn und stumpft ihn ab, macht Massen des Volkes theils zu- frieden, theils gleichgültig und indifferent. Von jetzt ab drängen im Ganzen nur noch die unbewußt in der Gesell- schaft wirkenden Kräfte, nicht mehr das eigene Bewußtsein dieser Gesellschaft auf den Umsturz der Regierung.

Der Scheinconstitutionalismus ist also — es ist sehr wichtig, m. Herren, dies festzuhalten — durchaus nicht eine Errungenschaft des Volkes, sondern im Gegentheil nur eine Errungenschaft des Absolutismus und die erheblichste Verlängerung seiner Lebensdauer.

Der Scheinconstitutionalismus besteht hiernach, wie Sie gesehen haben, darin, daß die Regierung das ausspricht, was nicht ist; daß sie den Staat für einen constitutionellen erklärt, während er in der That ein absoluter ist; er besteht in der Lüge.

Dieser Lüge und ihrer Macht gegenüber besteht das absolute das schlechthin siegreiche Mittel nothwendig in der Aufdeckung dieser Lüge; es besteht einfach darin, daß dieser Schein zerstört, die Fortsetzung der bethörenden Form unmöglich gemacht und hierdurch ihre irreführende Wirkung auf Crethi und Plethi abgeschnitten wird.

Es besteht darin, die Regierung zu zwingen, der Verhüllung zu entsagen und sich auch formell vor aller Welt als das zu zeigen, was sie ist: als absolute Regierung.

Die Kammer, sagte ich, muß, und dies ist das unbedingte Siegesmittel, aussprechen das was ist.

D. h. die Kammer muß unmittelbar nach ihrem Zusammentritt einen Beschluß erlassen, den ich Ihnen, größerer Deutlichkeit halber, gleich beispielsweise formulirt vortragen will.

Die Kammer müßte also gleich nach ihrem Zusammentritt folgenden Beschluß erlassen:

„In Erwägung, daß die Kammer die Genehmigung der Ausgaben für die neue Militärreorganisation verweigert hat; in Erwägung, daß nichtsdestoweniger auch seit dem Tage dieses Beschlusses die Regierung eingestandenermaaßen diese Ausgaben nach wie vor fortsetzt; in Erwägung, daß, so lange dies geschieht, die preußische Verfassung, nach welcher keine von der Kammer ver-

weigerte Abgaben gemacht werden dürfen, eine Lüge
ist; in Erwägung, daß es unter diesen Umständen und
so lange dieser Zustand dauert, der Vertreter des Volkes
unwürdig sein und sogar eine directe Theilnahme derselben an dem Verfassungsbruch der Regierung in sich
einschließen würde, durch weiteres Forttagen und Fort-
beschließen mit der Regierung derselben behülflich zu sein.
den Schein eines verfassungsmäßigen Zustandes aufrecht
zu halten, — aus diesen Erwägungen beschließt die Kammer
ihre Sitzungen auf unbestimmte Zeit und zwar auf so
lange auszusetzen, bis die Regierung den Nachweis an-
tritt, daß die verweigerten Ausgaben nicht länger fortge-
setzt werden.

So wie die Kammer diesen Beschluß erläßt, ist die Regierung unbedingt besiegt. Die Gründe sind einfach und
liegen in dem Vorigen.

Dieser Beschluß der Kammer liegt durchaus in den
Grenzen ihrer Rechtsbefugnisse; es ist ihm weder mit Staats-
anwalt noch Gerichten beizukommen.

Die Regierung hat also nur eine einfache Alternative.
Entweder sie giebt nach, oder sie giebt nicht nach. Giebt sie
nicht nach, so muß sie sich also entschließen, ohne Kammer
als nackte absolute Regierung zu regieren. Die Regierung
hätte zwar ein drittes Auskunftsmittel, die Kammer aufzu-
lösen. Aber dieses verdient kaum der Erwähnung, so
flüchtig vorübergerauscht wäre es. Denn die neuen Abgeordneten würden sofort mit derselben Parole gewählt werden.
Die neue Kammer würde sofort dieselbe Erklärung abgeben.

Es bliebe also dabei, daß die Regierung sich entschließen
müßte, entweder nachzugeben, oder für ewige Zeiten ohne Kammer zu regieren.

Letzteres, m. Herren, kann sie schlechterdings nicht. Tausend Gründe können Ihnen dies beweisen.

Werfen Sie Ihren Blick auf Europa, m. Herren. Wo Sie hinsehen, überall, mit einziger Ausnahme Rußlands, das aber eben auch ganz andere gesellschaftliche Verhältnisse hat, als die anderen Länder, Staaten mit constitutionellen Formen! Selbst Napoleon hat der constitutionellen Schein= form nicht entbehren können. Er hat sich eine Deputirten= kammer gegeben.

Diese allgemeine Uebereinstimmung zeigt Ihnen bereits als bloßes Factum, daß — wovon Ihnen meine Theorie den klaren Grund in den gesellschaftlichen Bevölkerungs= und Productions=Verhältnissen aufgezeigt hat — in den heutigen Verhältnissen der europäischen Staaten eine Nothwen= digkeit vorliegt, vermöge deren schlechterdings nicht mehr ohne constitutionelle Form regiert werden kann.

Sehen Sie auf Oesterreich, welches den schlagendsten Beweis für das bildet, was ich Ihnen heut entwickelt habe. Nach der bewaffneten Contrerevolution des Jahres 1849 wurde in Oesterreich die Verfassung cassirt. Nicht daß man in Oesterreich schlimmer und contrerevolutionärer gewesen wäre als bei uns! Durchaus nicht! Die österreichische Re= gierung war nur naiver, weniger ausgewitzt als die unsrige. Wenige Jahre genügten daher — und die österreichische Re= gierung stellte ganz von selbst, ohne jeden Aufstand, ohne jedes Andrängen des Volkes die constitutionelle Form wieder her. Das Amt hatte der Oesterreichischen Regierung den Verstand gegeben, einzusehen, daß sie ohne constitutionelle Scheinform, daß sie als erklärte absolute Regierung die precärste Existenz von der Welt haben und sehr bald in Stücke brechen müsse.

Sagen Sie Sich hiernach, wie unmöglich es wäre, daß

gerade Preußen, gerade Preußen allein in dem ganzen Europa, Preußen gerade bei seinem kräftigen Bürgerstand, ohne constitutionelle Form existirte!

Bedenken Sie ferner, wie schwach die preußische Regierung nach Außen, wie unmöglich und unhaltbar ihre auswärtige diplomatische Stellung wäre, wie sie sich bei jeder Verwickelung die übermüthigsten und unerträglichsten Fußtritte von Seiten der anderen Regierungen gefallen lassen müßte, wenn sie in diesem offen erklärten und permanenten Widerspruch mit ihrem eigenen Volke stände und also ihre Schwäche vor Niemandem mehr verbergen könnte.

Daß Keiner von Ihnen, m. Herren, glaube, dies sei ein unpatriotisches Raisonnement. Einmal hat der Politiker, wie der Naturforscher Alles zu betrachten, was ist und also a l l e wirkende Kräfte in Erwägung zu ziehen. Der Antagonismus der Staaten unter einander, der Gegensatz, die Eifersucht, der Conflict in den diplomatischen Beziehungen ist einmal eine wirkende Kraft und gleichviel ob gut oder schlimm, müßte sie hiernach schon unbedingt in Rechnung gezogen werden. Ueberdies aber, m. Herren, wie oft habe ich Gelegenheit gehabt, in der Stille meines Zimmers bei historischen Studien mir die große Wahrheit auf das Genaueste zu vergegenwärtigen, daß fast gar nicht abzusehen wäre, auf welcher Stufe der Barbarei wir, und die Welt im Allgemeinen, noch stehen würden, wenn nicht seit je die Eifersucht und der Gegensatz der Regierungen unter einander ein wirksames Mittel gewesen wäre, die Regierung zu Fortschritten im Innern zu zu zwingen! Endlich aber, m. Herren, ist die Existenz der Deutschen nicht von so precärer Natur, daß bei ihnen eine Niederlage ihrer Regierungen eine wirkliche Gefahr für die Existenz der Nation in sich schlösse. Wenn Sie, m. Herren, die Geschichte genau und mit innerem Verständniß betrachten,

3

so werden Sie sehen, daß die Culturarbeiten, die unser Volk vollbracht hat, so riesenhafte und gewaltige, so Bahn brechende und dem übrigen Europa vorleuchtende sind, daß an der Nothwendigkeit und Unverwüstlichkeit unserer nationalen Existenz gar nicht gezweifelt werden kann. Gerathen wir also in einen großen äußeren Krieg, so können in demselben wohl unsere einzelnen Regierungen, die sächsische, preußische, bayerische, zusammenbrechen, aber wie ein Phönix würde sich aus der Asche derselben unzerstörbar erheben das, worauf es uns allein ankommen kann — das deutsche Volk!

Richten Sie ferner den Blick, m. Herren, von den auswärtigen Beziehungen auf die inneren Verhältnisse, auf die Finanzlage. Vor 20 Jahren, im J. 1841, im absoluten Staat betrug der veröffentliche preußische Etat 55 Millionen.

Jetzt für das Jahr 63 betrug das Budget der Regierung nicht weniger als 144 Millionen. In nicht mehr als 20 Jahren hat sich das Budget, hat sich die Steuerlast verdreifacht.

Eine Regierung, die ein solches Budget aufbringen muß, eine Regierung, die so dasteht unabläſſig mit der Hand in Jedermanns Tasche, muß auch mindestens den Schein annehmen, Jedermanns Zustimmung dabei zu haben.

Wenn für die alten einfachen patriarchalisch beschränkten Verhältnisse, wenn für ein Budget von 55 Millionen, von welchen noch über ein Fünftel durch den Domänenertrag geliefert wurde, der patriarchalische Absolutismus genügte, so kann ein Budget von 144 Millionen in Preußen nicht mehr auf die Dauer durch einen einfachen Regierungsufas beigetrieben werden.

Vor Allem aber, m. Herren, werfen Sie das Auge auf die oben aus unserer Theorie entwickelten Sätze, von welchen die so eben betrachteten Umstände nur einzelne reale Folgen

sind, und wonach die Regierung sich unmöglich in den unver-
schleierten und offen zugestandenen Widerspruch mit dem gesellschaftlichen Zustand begeben kann. Wollte die Regierung
dies dennoch thun, regierte sie in absoluter Weise ohne Kammern fort, — nun so würde durch dieses von der Kammer aus-
gegangene Aussprechen dessen, was ist, durch den von der
Regierung offen acceptirten Absolutismus die Illusion getödtet, der Schleier fortgerissen, die Unklaren zur Er-
kenntniß gebracht, die für feinere Unterschiede Indifferenten
erbittert, die gesammte Bourgeoisie wäre von Stund an in
den latenten, unausgesetzt wühlenden Kampf gegen die Regierung gerissen, die gesammte Gesellschaft wäre eine organisirte Verschwörung gegen sie, und die Regierung hätte von
diesem Augenblicke an nichts Anderes mehr zu thun, als
Astrologie zu treiben, um die bestimmte Stunde ihres Un-
tergangs am Sternenhimmel zu lesen.

Dies ist die Macht des Aussprechens dessen, was ist.
Es ist das gewaltigste politische Mittel! Fichte constatirt
in seinen Werken, daß „das Aussprechen dessen, was ist,"
ein Lieblingsmittel des alten Napoleon gewesen, und in der
That hat er ihm einen großen Theil seiner Erfolge verdankt.

Alle große politische Action besteht in dem Aussprechen
dessen, was ist, und beginnt damit.

Alle politische Kleingeisterei besteht in dem Verschwei-
gen und Bemänteln dessen, was ist.

In der That, m. Herren, könnte und müßte ich fast hier
schwere politische Anklagen erheben, wenn ich sie nicht der Ei-
nigkeit zu Liebe, so weit es irgend möglich ist, lieber unterdrücken wollte. Jahrelang haben in der letzten Zeit — seit
und mit der neuen Aera — Führer der Volkspartei in der
Presse — Sie würden auch, wenn ich die Rücksicht so weit

3*

triebe, keinen Namen zu nennen, doch wissen, daß ich die s. g. Volkszeitung meine — ein System befolgt, welches geradezu in nichts Anderem bestand, als in dem Aussprechen dessen, was nicht ist! Sie gingen von der Ansicht aus, man müsse vertuschen, verheimlichen und bemänteln; man müsse — meinten sie — der Regierung so lange einreden, daß sie eine constitutionelle sei, bis sie wirklich selbst daran glaube! Sie wollten also die Regierung umlügen. Aber alle reellen Erfolge im Leben wie in der Geschichte lassen sich nur erzielen durch reelles Umarbeiten und Umackern, nie durch Umlügen! Diese Geistesärmsten sahen nicht, daß sie, ohne es zu wollen, Regierungsmenschen geworden waren, in Bezug auf ihr Mittel sowohl, wie in Bezug auf die Wirkung desselben. In Bezug auf ihr Mittel, denn dieses war genau dasselbe, was wir als das Mittel des sich in Scheinconstitutionalismus verhüllenden Absolutismus kennen gelernt haben — das Aussprechen dessen, was nicht ist. In Bezug auf die Wirkung desselben — denn diese Geistesärmsten sahen nicht, daß sie, um der Regierung in ihren Blättern vorzulügen, daß sie, constitutionell sei, dieselbe Lüge täglich dem Volke vorpredigen und ihr so endlich bei ihm wirklichen Eingang verschaffen mußten. Diese Geistesärmsten sahen nicht, daß sie ferner die Regierung durch diese Lüge nur ermuthigten, fast selber staunend über den Credit und den Nimbus, den man ihr bereitete, über die Aureole einer „neuen Aera," die man ihr aufs Haupt drückte, Schritt für Schritt auf der ihr so leicht gemachten Bahn des Scheinconstitutionalismus weiter zu gehen und sich endlich bis zu den Militärforderungen zu entwickeln. Diese Geistesärmsten, welche täglich in ihren Leitartikeln gegen Unsittlichkeit predigen, sahen nicht, daß die Lüge ein tief unsittliches Mittel ist, welches im politischen Kampfe wohl einer macchiavellistischen

Regierungskunst, niemals aber dem Volke zu Gute kommen kann.

Diese Geistesärmsten sind es, welche einen sehr großen Theil der Verantwortlichkeit dafür tragen, daß die Dinge so kamen, wie sie gekommen sind.

Sie waren es, welche unter dem Ausruf „Ehrenmänner! die Minister sind Ehrenmänner! Vertrauen den Ministern" in ihren Leitartikeln die Kammern dazu trieben, dem scheinconstitutionellen Ministerium Schwerin-Patow die provisorischen Geldforderungen für die Armeeenorganisation zu bewilligen, die damals viel leichter zu verweigern waren. Sie waren es, die somit die Schuld tragen, daß, was ohne die provisorische Geldbewilligung unmöglich war, die Armeeenorganisation überhaupt eingeführt werden konnte und daß wir jetzt an diesem schweren Conflicte stehen.

Friede, m. Herren, der Vergangenheit!

Aber um so nnerbittlicher, um so eifersüchtiger lassen Sie uns in dem schweren Kampfe der Gegenwart darauf halten, daß nicht wiederum durch eine Politik verlogener Bemäntelung das Volk um sein Recht betrogen werde.

Ich habe Ihnen das Mittel entwickelt, welches den unbedingten und sichern Sieg des Volkes nach sich ziehen muß. Wirken Sie dafür. Es soll eine Wechselwirkung bestehen zwischen den Abgeordneten und der öffentlichen Meinung. Erheben Sie dies Mittel, das wir gefunden haben, zur Agitationsparole. Verbreiten Sie dieselbe, streiten Sie für dieselbe in dem gesammten Kreise Ihrer Bekannten, an öffentlichen und Privatorten, im ganzen Bereiche Ihres Einflusses. Betrachten Sie jeden als einen sei es bewußten sei es unbewußten Gegner der guten Sache, der dieses Mittel nicht ergreifen will.

Das entwickelte Mittel ist das einzige, welches die Kammer hat. Welches andere Mittel hätte sie? Es wäre, wie auf der Hand liegt, die kläglichste und absurdeste Illusion, wenn die Kammer glaubte, dadurch, daß sie forttagt und fortfährt, andere, etwa alle Forderungen des Ministeriums zu verweigern, dieses zwingen zu können. Wenn man die erste unbestritten verfassungsmäßige Weigerung der Kammer mit Füßen tritt und darüber hinweggeht, als existirte sie nicht, wie ist es möglich, daß die 2. oder 3. oder 4. Verweigerung der Kammer eine größere Wirkung hätte? Vielmehr würde man sich nur gewöhnen, unbequeme Beschlüsse der Kammern wie nicht ergangen zu betrachten. Regierung wie Volk würde sich daran gewöhnen. Die süße Gewohnheit der Verachtung der Kammerbeschlüsse würde sich festsetzen und beim Volke — und zwar mit Recht — fast in noch höherem Grade als bei der Regierung. Eine Kammer, die einwilligte, wenn man ihre verfassungsmäßigen Beschlüsse mit Füßen tritt, weiter zu rathen und zu thaten mit der Regierung, ihre Rolle fortzuspielen in dieser Comödie des Scheinconstitutionalismus, würde dadurch der schlimmste Complice der Regierung sein. Denn sie würde eben dadurch der Regierung ermöglichen, unter dem fortdauernden Scheine der constitutionellen Form die constitutionellen Rechte des Volkes zu vernichten. Die Kammer wäre dann aber noch viel strafbarer als die Regierung. Denn viel strafbarer noch als mein Gegner ist der eigene Vertreter meiner Rechte, wenn er meine Rechte verräth.

Noch schlimmer wo möglich wäre es, wenn die Kammer sich in dieser Frage auf einen f. g. Compromiß, wie z. B. der 2jährigen Dienstzeit, einlassen wollte. Besonders dagegen, m. Herren, erheben Sie laut Ihre Stimme. Es gibt überhaupt keinen Compromiß in dieser Frage. Würde z. B.

von der Regierung der Compromiß der 2jährigen Dienstzeit
angeboten und die Kammer ginge hierauf ein, so wäre um
eines zwar an sich nicht unwichtigen, aber im Verhältniß zur
ganzen Frage doch nur überaus unbedeutenden Punctes das
Interesse des Landes preisgegeben und verrathen. Denn
wenn die Armeereorganisation mit der Beschränkung auf
2jährige Dienstzeit angenommen würde, so wäre immerhin
die Landwehr — das ganze erste Aufgebot, welches die wirkliche Wehrkraft des Landes bildet — fortescamotirt, sie wäre
zur Kriegsreserve gezogen, unter Linienofficiere gestellt. Wir
hätten keine Landwehr mehr. Neben dieser Capitalfrage
aber, ob das Land seine Landwehr behalten soll oder nicht,
schwindet die andere Frage, ob der Dienstpflichtige 2 oder 3
Jahre zu dienen hat, und eben so die Kostenfrage in ein
Nichts zusammen.

Aber endlich sogar die Landwehrfrage kommt jetzt nur
in zweiter Linie in Betracht.

Was durch den Verlauf, den die Sache genommen,
jetzt in erster Linie steht, das ist die constitutionelle
Grundfrage: ist die Regierung gezwungen, Ausgaben
einzustellen, deren Genehmigung von der Kammer verweigert ist? Die Regierung hat trotz dieser verweigerten Genehmigung, als existirte dieselbe gar nicht, die Ausgaben fort-
zusetzen erklärt. Wenn in dieser Lage der Sache die Kammer sich zu irgend einem Compromiß herbeiließe, wie zu dem
der 2jährigen Dienstzeit, so wäre das nicht mehr ein Compromiß, ein Vergleich; es wäre ein gänzliches Preisgeben
des öffentlichen Rechts. Es würde dann die Bismarck'sche
staatsrechtliche Praxis glücklich Platz gegriffen haben, welche
lautet: wenn die Regierung sich in einem Conflict mit dem
verfassungsmäßigen Recht der Kammern befindet, so müssen

diese nachgeben. Dies wäre es, was durch diesen Präcedenzfall festgestellt wäre.

Betrachten Sie daher Jeden geradezu als einen bewußten, oder als einen unbewußten und dann noch viel gefähr-
lichern Feind der guten Sache, der hier von einem Compromiß spricht.

Unser Mittel, m. Herren, ist aber auch jedenfalls unschädlich. Es kann nichts verderben, denn das wird jeder
von Ihnen einsehen: ist die Regierung so fest zum Absolutismus entschlossen, daß sie sogar, falls die Kammer jene
obige Erklärung erläßt, nicht nachgiebt und ohne Kammer
in unverhüllt absoluter Form weiter regiert — nun, dann
würde die Kammer auch eben so wenig und noch viel weniger
durch nachgiebiges Forttagen mit der Regierung dieselbe von
dem absolutistischen Scheinconstitutionalismus herunter-
drängen und zu einem Eingehen auf wahrhaften Con-
stitutionalismus bewegen können; sie würde der Regierung nur das Mittel geben, die Comödie des Scheinconstitu-
tionalismns fortzuspielen. Diese ist aber noch weit ver-
derblicher als der offene Absolutismus. Denn sie verwirrt
die Volksintelligenz und depravirt, wie jedes auf Lüge beru-
hende Regierungssystem, die Sittlichkeit des Volkes.

Das Mittel ist also auch in jedem Falle für das Land
unschädlich. Es ist selbst ungefährlich für die Abgeordneten
und es gehört nur Klarheit und Energie, aber kein großer
Muth dazu, sich dazu zu entschließen. Das einzige Opfer,
welche es den Abgeordneten auferlegt, ist: schlimmsten Falls
auf einige Zeit der Wichtigkeit einer officiellen Stellung zu
entsagen!

Das Mittel ist endlich, wie ich Ihnen früher gezeigt,
schlechterdings nothwendig und in allen Fällen siegreich.

Eben deshalb ist anzunehmen, daß die Regierung, wenn es angewendet wird, von selbst vor demselben zurückweicht.

Vielleicht aber — und dies wäre gar sehr zu Ihrem Vortheil, m. Herren, — vielleicht giebt sie nicht augenblicklich nach, sondern bleibt einige Zeit hartnäckig, ohne Kammern fortregierend.

Es wäre dies gar sehr zu Ihrem Vortheil, sage ich. Denn um so mehr bemüthigt sich dann die Regierung vor der Majestät des Volkes, wenn sie später umzukehren sich gezwungen sieht. Um so mehr erkennt sie dann die gesellschaftliche Macht des Bürgerthums als die ihr überlegene Macht an, wenn sie erst später umkehrend sich vor Volk und Kammer beugen muß.

Dann werden Sie, m. Herren, in der Lage sein, Ihrerseits und siegreich Ihre Bedingungen zu stellen. Dann werden Sie in der Lage sein, das parlamentarische Regiment, ohne welches nur Scheinconstitutionalismus bestehen kann, zu fordern und durchzusetzen. Dann also kein Versöhnungsdusel, m. Herren. Sie haben jetzt hinreichende Erfahrungen gesammelt, um zu sehen, was der alte Absolutismus ist. Dann also kein neuer Compromiß mit ihm, sondern: den Daumen auf's Auge und das Knie auf die Brust!